논장

정일남 시집

詩와에세이

2012

차례__

제1부

작법(作法) · 11
낙타 · 12
뼈 · 14
고백 · 16
헬리콥터 · 18
생(生) · 20
천직(天職) · 22
도시를 생각한다 · 24
길을 가다 만난 사람 · 26
탄광촌을 지나며 · 28
나팔꽃 · 30
걸작 · 32
정선을 묻다 · 34
이상(李箱)을 읽으며 · 36
구절리 · 38
그리운 식사 · 40
지노귀 · 42
훈장 · 43

제2부

작은 섬 · 47

모란 · 48

필리핀 · 50

결백 · 52

오월의 흰 구름 · 54

등용문(登龍門) · 55

산골 소년 · 56

섬에 사는 민들레 · 58

장릉기행 · 59

쑥국새 · 60

우박 · 62

해바라기 주변 · 63

숲 · 64

쑥에 대한 전기(傳記) · 66

나비를 보며 · 68

천태산 은행나무 · 69

인디언의 노래 · 70

천둥 · 72

제3부

지상의 친구들 · 75
가을의 접경 · 76
사색의 에움길 · 78
내가 그를 찾는다 · 80
귀양지 · 82
속리산 단풍 · 84
죽은 벌레 · 86
추 사장(秋 社長)의 가을 · 88
적소로 띄우는 편지 · 90
가랑잎 · 92
만경평야 · 94
봉선화와 봉선이 · 96
이장(移葬) · 98
하나의 길 · 100
풀밭에 든 낮달 · 102
해변을 떠나며 · 103
귀뚜라미 선생과의 하루 · 104
수치의 계산법 · 107
소금을 한 줌 먹고 · 108
밀월(蜜月) · 109

제4부

초혼(招魂) · 113
노 철학자 · 114
겨울나무의 숨소리 · 116
물의 시 · 117
김정호 · 118
다시 세상 밖으로 · 120
잠든 여자 · 122
영혼의 그림자 · 123
평행선 · 124
아름다운 장례 · 126
경구(警句)처럼 · 128
저녁 · 130
초연한 생각 · 132
무색계 · 133
아픈 순간들 · 134
고요의 뒤쪽 · 136
가는 길 · 138

시인의 산문 · 141
시인의 말 · 151

제1부

작법(作法)

요리사가 접시에 담아오는
요리의 분량을 조금밖에 담지 않아
접시의 대부분을 비워두었다

요리사는 식객들의 미각을 누구보다 잘 알기 때문에
분량을 접시에 듬뿍 담지 않는다
그것이 요리사가 터득한 비우면서 채우는 예지다

빈 여백을 남겨두는 것은 식객들의 상상의 몫이다
공백을 채우기보다 비워두는 비법으로
식객들의 미각을 끌어들인다

요리사는 압축이나 절제란 말을 쓰지 않는다
요리사는 요리사일 뿐이다

낙타

사막에서 그는
속도를 내지 않는다
그가 터득한 것은 굼뜨게 발을 옮기는 방식이다
사자와 호랑이가 속도를 내지만 점령할 수 없는 사막의 국경을
낙타만이 외롭게 넘을 수 있다
모래알들이 주는 눈짓을 낙타만이 안다
낙타가 걸을 때만이 사막이 살아서 움직인다
낙타를 해칠 수도 있는 사막이지만
사막을 위해서 낙타는 걸어간다
낙타의 모든 구조는 사막을 정복하게 구성되어 있는 것
사막이 존재하는 한 낙타는 걸어야 한다
사막을 버리면 그는 낙타라는 이름을 버려야 한다
내 의식 속에 사막이 살아있는 한
낙타의 슬픈 눈이 내 삶을 깨우쳐주었으니
사막이 유일한 길이며

길이 평생이므로
모든 사사로운 것을 삭제하고
같은 보폭으로 굼뜨게 걸어가면
사자별자리 황소별자리에 도달한다

뼈

나와 들개가 길을 같이 간다
개는 나를 개로 볼지도 모른다

배고픔이 무엇인지 우린 서로 알지만
살 속에 뼈가 있고 뼛속에 연골이 있는지도 모르면서
네가 맨발로 가는 길을 나는
병이 없는 것처럼 태연히 걸어간다
내겐 객수가 있는데 너에겐 울분이 있느냐
너는 길을 가다가 뼈를 보면 좋아한다
뼈를 안고 아주 누워버린다

나도 뼈다귀집에 가서 뼛속의 살을 발라먹으며
더 강하게 살려고 카네기 자서전을 뒤적거렸다
진골 성골의 역사는 고대로 거슬러 올라가는 계단을 밟아야 하는데
나는 골품이란 무엇에 써먹는 물건인 줄 알았다

고분을 발굴하듯 육탈된 아버지의 유골을 만질 때
내 **뼈**의 근본이 사랑임을 읽었다
들개는 **뼈**를 물고 연기 속으로 사라졌다
나의 시는 가을 한철만 살지만
뼈는 미라처럼 오래 산다

고백

꽃 파는 상점 앞을 지나면 거기 우수를 앓고 있는
내 언어의 욕망들은 피어있네
어긋난 인연의 몹쓸 사랑도 너는 피어있느냐
꽃들은 저마다 실연(失戀)한 얘기를 들으려고 눈을 껌벅이네

시(詩) 한 편을 팔아 꽃을 사면 여자는 두근거리게 좋아했지
내 시는 밥상과는 거리가 멀고 쌀통을 비운 채 춤추었네
가련한 꽃들아
허기진 사랑들아
슬픔이 꽃을 찾아가는 도중에
우연히 슬픔끼리 만나 오누이처럼 다정했지
꽃들은 남의 잔치만 축하해주었지
자신들의 돌잔치는 없었네

무덤이 반달같이 생긴 것은
살아온 자의 삶이 겨우 반만 완성한 때문인데
조문 가는 꽃다발은 말이 없었네
내가 끼어들 말이 도망갔다네

헬리콥터

 잠자리는 국경의 비무장지대를 간신히 벗어났다
 소요산을 지나 동두천의 기지로 돌아오는 통상의 임무
 전쟁을 겪지 않은 아이들은 초연(硝煙)을 모르고 담배 맛을 찾는다

 아이들아, 잠자리 꼬리를 떼어내고 거기에 성냥개비를 꽂아서
 불을 붙여 날려 보내던 놀이를 생각해보렴
 그 잠자리는 어딘가로 가서 폭파되었을 게다
 지금 여기는 국적불명의 잠자리들이 붕붕거려도
 의자에 앉아있는 고양이는 꿈쩍 않는다

 낮잠에서 눈을 뜨니 한 세기가 지나간 느낌이다
 누구도 돌무덤을 얘기하지 않고
 아이들은 해바라기처럼 웃자라서 담배 맛에만 익숙하다
 잠자리는 울적한 생각에 바람개비를 돌린다

잠자리는 여기저기를 헤매다가
까마귀고기 먹은 듯 찾는 것을 잊어버리고
경련을 일으키며 돌아온다

그 옛날 잠자리채를 든 아이들은
지뢰밭에 들어가 영영 돌아오지 않는다

생(生)

내 몸에 혈(血)이 돌고 있다
이런 자각을 다섯무날이 지나며 느낀다
나는 이 지방 바닥쇠는 아니다
쓰다가 꽃밭에 버린 문장과
바람 속으로 흩어진 언어의 미아들
여름에 나는 나비의 옷감을 선호하며 살았다
이제 도래솔 밑에 아내의 봉분도 서늘하다
모든 존재를 친애한다는 핑계로
비탈을 돌아가는 전동차를 오래 바라보았다
그리움의 번식만이 내 생을 이끌고 왔다
손에 쥔 것은 요절한 어느 시인의 유고시집
한 편의 문채(文彩)가 내 손에서 꽃피어났다
여태까지 숨 쉬고 살지만 내가 언제
숨 쉬는 것을 느낀 적이 있었던가
함께 살아온 흙벌레는 나와는 전연 다른 방식으로
식사를 하고 자기만의 노래를 증식했다
나는 울음의 귀재인 귀뚜라미를 아꼈다

내가 언제 소리 내어 운 적이 없었다
내 생이란 흐르는 물에 꽃잎 하나 얹어주는 일
어디로 가는지도 모르는 한 잎의
가벼운 견딤이었다
바람이 다녀간 무릎이 가렵다

천직(天職)

아버지는 염장이었다
죽은 자의 몸을 치장하는 미용사
수의를 입히고 염포로 시신을 묶는 일
죽은 자와 소곤소곤 밀담을 나누었다
마지막 가는 길이 어둡지 않도록 미용술이 빛을 발했다

죽은 자는 자기가 죽은지를 모른다
태어나는 아기가 태어나는지를 모르듯이

아버지는 죽은 자가 별을 볼 수 있도록 길을 열었다
죽은 자의 표정에서 완성된 작품을 읽었다
염장이는 죽은 자의 미용사
아버지는 죽은 자의 몸에서 꽃피었다
죽은 자여, 그대는 아버지의 작품이니
이승에서 저승으로 아버지는 넘나들었다
아버지는 병풍 뒤에 저승을 숨겨두고 혼자 즐겼다

나는 아버지의 염장업을 이어받지 못했다
죽은 자와 소통하는 비법을 익히지 못했기 때문
나는 나의 죽은 시를 염하지도 못하고
그냥 불살라버렸다

도시를 생각한다

환락의 도시에서 콘크리트길을 걷는다
우린 감각이 딱딱해져서 몸이 굳어지는 병이 올 것이다
몸만이 아니라 마음까지 굳어지는
가공의 도시에서 우린 화석으로 굳어가는 중이다
도시를 점령한 콘크리트 군단
아가리를 벌려 으르렁거리는 쇠붙이들
어디로 탈출을 감행해야 하나

모두 딱딱하게 굳어가는데 굳어가는 자체를 모른다
흙냄새로 목을 축이고 지렁이의 노래를 들으면 경색이 풀리지 않을까
오늘도 석회질의 냄새에 시달리는 두통들
도시는 거대한 콘크리트 뚜껑으로 덮여있다
소음을 뜯어먹고 사는 우리들

나병 시인이 걷던 황톳길을 다시 걸어야

썩은 살에 새살 돋는 줄 알겠다

길을 가다 만난 사람

나는 집을 떠나면 두렵다
저물기 전에 집을 찾아와야 안심이 되는 소인배다
눈을 뜨고도 무엇을 보았는지 알지 못하는 부류다

길을 가다 강가에 이르니
낚시꾼이 미동도 하지 않고 앉아있다
저것이 고해인가, 아니면 침묵의 덩어리인가
누가 묶어두지는 않았을 텐데 집착이 그렇다
오랜 기다림이 저렇게 굳어버렸다

책은 나를 순하게 만들지 않고 거만하게 만들었다
길을 가는데 현학은 소용없었다
한 컵의 물, 라면 하나, 나무 두 짝이면 된다
날 따라오는 낮달은 보행이 느린데
작고 시인의 유고집 책갈피에 하늘이 사뿐 앉았다

아직도 낚시꾼은 수행이 모자란 듯 부동자세다

나는 그가 무서웠다

탄광촌을 지나며

폐석장 언저리에 서면 옛 기억이 새롭다
해바라기와 친해보지 못하고 어둠에 사로잡힌 두더지들
몸 생각지 않고 석탄을 캐던 열성들
이제 알겠다, 역사는 석탄의 페이지를 접었다는 것을

싸늘한 낮달처럼 폐광에 바람이 스산하다
밤낮으로 오가던 운반 트럭 보이지 않고
불도저로 밀어내던 저탄장은 양돈장으로 변했다
흑인 얼굴 흡사한 적재부들
쉴 새 없이 삽질하던 근육들
간혹 객차에 손 흔들어주던 익살도 있었지
막장으로 향하기 전에 갱목에 걸터앉아
담배 피워 물던 광부들의 무표정들
그들은 감독 지시에 일사불란했던 순응주의자들이었다
석탄의 전성기엔 벌집처럼 붐볐지

그 순응주의자들 상한 폐를 안고 뿔뿔이 흩어져 지금은
  어느 길을 가며 무슨 익명으로 말라가고 있을 것이다
  내 전성기도 막장에 갇혀 생사를 넘나들었지
  역전 주점에서 돼지비계 놓고 석탄과 시(詩)를 얘기하며
  인생의 미래를 응시하던 동료는 이제 지상에는 없다
  까마귀고기 먹은 듯 기억이 멀어지는군
  산 자의 눈에서 썩은 물이 떨어진다
  갱이 무너지던 그날의 아우성

  내 한사코 감옥의 저 갱구를 사랑하리라
  생명을 바친 광부를 사랑했던 것처럼

나팔꽃

트럼펫을 잘 불던 친구가 있었다
하교 후에 그는 산 위에 올라가
까닭 없이 나팔을 불어댔다

말이 없던 그의 사생활을 나는 훔쳐보지 못했다
음색의 높낮이가 췌장을 건드릴 때는
애절함이 슬며시 끼어들었다
그의 악기에는 고아원에서 자란 사춘기가 묻어있었다
제 감정에 부르트던 입술
철공소에서 입 앙다물고 망치질로 살았다
그 망치질로 사춘기를 두들겼다

나는 사춘기에 하모니카를 조금 불었다
하모니카와 트럼펫 사이에는
화음을 이루지 못한 서로의 다른 길이 있었다
찬비 내리는 간이역에서 우리는 갈라졌지
그리고 개발의 땅에서 허물어지던 낙관주의

지금은 그가 금관악기를 버리고
나팔꽃에 귀대고 있을지
정말 나는 나팔꽃이 악기란 걸 안다
그는 종무소식이다

걸작

가을이 무르익어갈 즈음
머루 다래 넝쿨 숲에 땅을 파고
산지기는 술단지를 묻어놓았다
명예를 바라고서가 아니라 쓸쓸함이 겹쳐서 그랬다
아무도 지켜본 사람이 없었으므로
술단지는 산지기 혼자만 아는 비밀이었다
마침내 술 냄새를 맡은 뱀이 찾아들었다
한껏 목마른 뱀은 술단지에 들어가
마음껏 술을 즐기고 취해서 그만 적멸에 든 것인데
어언 산지기도 늙어 적멸에 들고
해마다 머루 다래 넝쿨만 무성해갔다
산토끼도 다람쥐도 와서 놀다갈 뿐
넝쿨 숲에 세상에 없는 듯 비밀은 묻혀있었다
해와 달이 무수히 들러서 기웃거리다 갔다
나라의 제도가 여러 번 바뀌었다
놀랍고도 두려운 것은
백 년 후에 어느 밀정에 의해

술단지가 발견되었던 것이다

정선을 묻다

아우라지는 나루터다
이름이 가엾어 들렀다 가려 하나
오 리를 가면 또 오 리를 더 가라고 한다
어처구니없다
오 리를 가서 물으니 또 오 리를 더 가라고 한다
옳거니, 물오리를 따라가라는 뜻일 게다
그러니 나는 말뜻을 해석하지 못한 것이다
물오리를 찾아 물을 따라간다
두멧사람들은 나를 속여서 이득을 보려는 속셈은 애초
에 없었을 것

뜨내기가 어쩌다 정들어 살아버린 곳
죄를 모르고 물소리에 젖어 살았으므로
물이 또한 죄를 모른다
남자는 뗏목을 타고 여자와 이별하는 풍습이 있었고
여자는 님 그리워 첩첩 산을 소리로 달래는 풍습이 있
었다

싸리골 올동박이 다 떨어질 때까지
아우라지는 하나밖에 없는 나루터

등 뒤에 있던 달이
앞가슴으로 안겨온다
나는 오 리를 더 가야겠다

이상(李箱)을 읽으며

세상엔 온갖 기업이 즐비하오
시를 쓰는 일도 기업이라 불러볼까요
왜 말은 없으시고
하얀 치아에 콧수염으로 웃으시오
시를 쓰는 일이 기교를 낳고 기교는
절망을 낳는다고 웃으시오

나도 어쩔 수 없이 절망의 낱말을 생산하는 중이오
낱말의 부품으로 당신은 기교를 낳고 절망했지만
나는 기교도 없고 절망도 없소
당신의 깡마른 웃음이 너무 든든하오
시대를 역순으로 살아온 당신을 보며
후천개벽하지 못한 신진들이 압구정에 걸어다니오
저녁이면 황금색으로 변하는 까마귀들
노란 장발이 나는 무서워졌소

당신은 '지구는 부서질 만큼 상했다'고 말했소

정말 지구는 당신의 예고대로 만신창이오
지금도 꾀바른 자들이 당신의 기법을 침범하고 있소
나는 깡마른 당신의 웃음이 너무 부럽소

구절리

단풍이 에움길에 만판 부려진다
폐광촌 비탈에 구절초가 목을 늘리고
구절리가 여깁니다, 여기에요
기차는 더 갈 곳이 없어요, 종착이에요
바람의 입을 빌려 알려준다
늙은 역장의 모자엔 금환이 번쩍인다

이젠 누가 기타를 치면서 오지도 않을 기찻길
석탄을 캐던 광부는 상한 폐를 안고 떠난 지 오래다
50톤 화차가 녹슬고 흥청대던
호경기는 가고 싸늘한 폐광만 남았다
그 많던 술집은 온데간데없고
화장품 냄새 풍기던 단골집 여자
양상추 같던 부드러운 순정도 떠났다
돼지비계 놓고 술잔 건네며 인생을 오판하던 낙관주의자
이마에 땀이 번쩍이고 양지에 쌓여가던 무덤들

늑골과 늑골 사이가 아파온다
나를 보고 하얗게 웃는 구절초의 눈자위
침엽수림이 촘촘하고 갱구가 상처로 버려진 곳
추억이 그리움을 핥고 있는 곳
목돈을 잡지 못하고 절뚝거리며 떠난 하늘에 구름이
꿈틀댄다

다시 지난날을 생각하면
구절초야 미안하다
구절초는 구절리와는 아무 관계도 없는 꽃이니까

그리운 식사

밥을 구해 떠돌아다니게 되었다
밥이 익는 냄새보다 더 향기로운 것은 없었지
하루 세 끼가 긴급한 과제였어

밥을 위해 헤맨 것이 내 이력의 전부다
왜 손에 흙 묻히고 땀을 흘려요
아주 간단한 방법이 있지 않아요
어떤 방법이 땀을 바치지 않고 밥을 구한다는 게요
도무지 번역할 수 없는 암호 같은 얘기
밥이란 노역의 결과물이었다

밥그릇이 따뜻하면 그게 사랑이었지
 온기가 감싸지 않은 싸늘한 밥그릇은 사랑을 상실한 것이지
 개밥도 따뜻하지 않으면 싫어했다

밥이 준비되어야 경쟁에서 승리한다

백만 군사에게 백만 개의 밥덩이를 분배하는 것이 군사작전이다
엄청난 승패의 길이 야기될 식사
밥이 전쟁의 무기다

지노귀

궁달은 끝났다
달 뜨고 별 가는 소리 가뭇없다
맺힌 한이 심골에 저리다고 하니
무당서방까지 합세해서 꽃불 켜고 울려주마
서방에 들려면 싹둑 미련을 내동댕이쳐야 한다
허공에 풀어놓은 굿소리 배불리 먹고 가거라
이제 겨우 스무 살의 나이던가
애먼 죄가 있었다면 다 씻어주겠다
늑골이 없는 넋이라도
꽃불 밝혀 무변천공을 비행하면
저승새는 앞장서서 날고
귀화(鬼火)도 춤추며 뒤를 따른다
알 듯한 요단을 건너서
뒤돌아보지 말고 곧장 가거라
극락의 제후들이 비로소 마중 나와
혼과 혼이 손을 잡네

훈장

생전에 아무것도 부여받지 못한
어느 무명시인의 무덤 하나가 있었다

아무도 찾아오지 않는 무덤 앞에
애석하게도 온전한 석재가 아닌 시멘트 비석이 세워져
있었다

비바람의 광음이 할퀴어 비석은 금이 가고 틈이 벌어
졌다
벌어진 틈으로 바람을 타고 날아온 민들레 홀씨 하나
세들고부터

비석은 해마다 봄이면 금빛 훈장을 달고 있었다

제2부

작은 섬

가볍다, 너는
물보다 가벼워 몸 띄워놓고
파도에 흔들리는 배처럼 떠돈다
팽팽한 수평선이 때론 활같이 휘어진다
구름도 하늘에 떠도는 섬이므로
바다에 떠도는 네가 그리운 듯 머물다 간다

  한철을 쉬었다 가는 수천의 철새떼가 한쪽으로 몰리는 바람에
  섬이 기우뚱 조난될까 불안했다

모란

결혼식을 올린 지 삼 년이 지난 어느 오월
모란이 핀 정원에 앉아 그녀와 나는
아우의 대학등록금 때문에 사소한 다툼이 있었다

그녀는 첫 마디에 거부했다, 나는 아우를 도와주면 나중에
우리 아이들이 커서 대학생이 되면 등록금을 대줄 게 아니오, 라고
모란꽃 그늘에서 그녀의 손을 잡고 어려운 약속을 받아냈다

그 후 사 년의 세월이 지났다, 아우는 대기업에 입사했다
나는 서울로 이사를 오면서 모란을 옮겨 심었다
그녀와의 약속을 지켜본 모란은 잘 자랐다
세월이 더듬더듬 지나가고 우리 아이가 대학생이 되었을 때

아우는 꼬박꼬박 등록금을 부쳐주었다
아우의 마음에도 모란꽃이 옮겨가 피었다

지금은 아우가 지점장이 되었다
제삿날이나 명절이면 찾아오는데
제수씨는 올 때마다 돈 봉투를 내게 건네준다
제수씨도 모란꽃 그늘의 약속을 아는 것 같았다

모란꽃은 해마다 오월을 펼쳐 보이고 제수씨의
마음도 모란처럼 아름답다
지금 무덤 속에 살림 차린 그녀는 모란 그늘에 와서 소곤거리다 가는가
이젠 늙으신 모란 여사여
모란꽃에는 늘 석밀 냄새가 난다

필리핀

복사꽃 피면 온다던 흑장미 있었다

봄날이 다 가도 소식이 없다
강 씨는 몸이 달아 비닐하우스 상추를 돌아보고
흑염소가 원을 그리는 풀밭으로 간다
흑염소가 봉투를 먹었다
봉투 안에 든 문장을 먹었다
세상은 생각대로 꾸며지지 않아
강 씨는 무와 상추를 팔아 흑장미를 샀다
흑장미를 안아본다
흑장미를 너무 부려먹었나
온다는 흑장미 기별이 없어
얼마나 열병이 났는지
필리핀에 또 화산이 터진 건가
하루종일 마음은 벙글지 못해
먹통이 된 전화기를 만져본다

아이를 낳고 온다던 흑장미 돌아오지 않아
어디서부터 일이 잘못되었는지
때늦은 자책에 강 씨는 봉투를 먹어치운
염소를 뚫어지게 본다

결백

자, 시작해볼까요
우선 면도날로 배를 가른다
소장과 대장이 흘러나온다
창자를 바라보니
김이 모락모락 피어오르고 비린내가 진동한다
자, 어떤 물증이 있는지 보시오
먹을 것을 먹었는지
소화가 안 되는 것을 먹지는 않았는지
수사관들 무엇해요
쓸개를 터뜨리면 일을 망칩니다
사과 상자는 없는가
배추 이파리에 세종의 초상화는 없는가
속성으로, 아니 찬찬히 세밀하게 관찰하시오
군중들이 에워싸고 웅성거리기 시작했다
카메라의 눈이 여기저기를 찍어댄다
밖에서는 독수리떼들이 창자를 내놓으라고 아우성이다

너희들 줄 먹이는 없느니라
훠이 훠이 물러가라, 이때
수사관들은 기겁을 하고 줄행랑쳤다
주위를 살펴보니 개 한 마리 없다
나는 내장을 씻어 제자리에 넣고
바늘로 꿰맨 다음 사건을 마무리 지었다
너무 후련했다

오월의 흰 구름

현금인출기에서
좔좔좔 쏟아져나오는 초록 잎들
풀냄새 대신에 세종대왕의
근엄한 수염이 풍기는 나라 말씀이 암묵적이다

초록이 저렇게 지치지 않는 성장이라면
나는 실패란 작법을 지갑에서 꺼내버려야 한다

바람에 보리밭의 율동을 정신없이 본다
아카시아 연등은 매일매일이 벌들의 잔칫상이다
소풍온 아이들이 건반을 오르내린다
계단은 고저음이 다른 악기니까
이름 좋은 아이들은 모두 초록으로 춤춘다

찔레꽃이 고명딸로 예쁘다
찔레꽃은 가난한 딸이지 부르주아의 딸은 아니야
오늘 나는 항울제를 복용하지 않아도 되겠다

등용문(登龍門)

물고기들이 강물을 따라 오르다가
더 오를 길을 잃고 폭포 밑에서 머문다
폭포는 급물살로 아스라하다
수천 마리의 물고기들이 폭포 밑에서 표정이 어둡다
상류로 오르는 길은 하나뿐인데
지느러미로 폭포를 솟구쳐본다
온갖 몸부림을 쳐도
폭포 위로 오른 물고기는 한 마리도 없다

하늘에서 심사관이 내려다보았다
너희들 다 돌아가라
아직 수양을 더 하고
실력을 더 쌓은 후에 다시 승천을 시도해보라
어떤 변칙을 행여 생각지 말라

산골 소년

마을 뒷산에 머루가 익어간다

가파른 산을 오르려면 소년은
한쪽 손을 바위나 관목을 잡아야
낭떠러지를 아슬아슬 통과할 수 있다
절벽 길을 오르면 골짝은 쌓인 낙엽으로 길이 묻혔다
소년의 이마엔 땀이 밴다
숲 속은 괴괴한데 갑자기
한발 앞에서 푸드덕 장끼가 날아간다
놀란 소년이 뒤로 풀썩 주저앉고 만다
날아가는 저 목덜미와 관모의 아름다움

한편 놀란 노루 한 쌍이 순식간에
맞은편 능선에 올라 소년을 힐끗 돌아본다
저 귀엽게 돋아난 노루귀
이때 낙엽은 폭포처럼 쏟아져 골짝을 묻어버린다

소년은 머루를 정신없이 따먹었다
소년은 머루에 취해 낙엽 위에 잠든다

섬에 사는 민들레

쾌속정보다 먼저 와 뿌리박은 홍도
어디를 보아도 눈이 닿는 곳은 고혹적이다

시대가 어지러우니 멀리 가서 너의 지락으로 뿌리내려 살아라
늙은 어미의 당부였다
누가 물으면 응답도 하지 말고
곱게 옷차림한 처녀의 머리핀이 되어도 좋겠지

홍도는 절세의 걸작이다
버릴 것은 없고 다 보물이니
돌 하나 조개껍질 하나까지 진품 목록에 들어있다
해풍에 적응한 너의 순정이
이별이 무엇인지도 망각하고
절벽에 매달려 없는 듯 살았다

누가 찾아주지 않아도 살아라

장릉기행

청령포에 가서 물어보면
인걸은 없고 물소리만 자지러지네
유배지는 인기척을 피해왔구나

들쥐가 어금니를 번쩍이며 한낮을 갉아대는 곳
좋은 날은 가고 망초꽃이 시드네
멧새 울다 간 가지엔 옛날이 걸렸네

허기는 지는데 먹고 싶은 생각은 없구나

왕위는 권세와 영화가 어른거렸으나
여기엔 노송 그림자에 붙들린 풀벌레만 욱신거리네
여기엔 꽃 핀 하루가 꺾이고 솔잎만 쌓이네

바람소리 옛날과 변함없으니
분 바르고 화장한 나비가 와서
소리 없는 곡(哭)을 빠뜨리고 가네

쑥국새

멀리 간 사랑을 썼다가 지운다
솔밭을 떠돌던 바람이나
무덤 위에 머물던 구름들이
향긋한 이름으로 꽃피어날 때
나비는 빛이 되어 내 무릎에 와 앉는다

종일 떡갈나무 밑에서 쑥국새소리 듣다가
나는 노트 위에 놓인 볼펜을 잠근다
쓴다는 일이 소름끼치게 두려워졌다
쑥국새는 무얼 주워 먹는지 뱉어내는지

궁핍에 기댄 쓰디쓴 가계사(家計史)가
조팝꽃을 여기저기 흘렸다
형제들 밥그릇 찾아 서로 헤어졌다

때가 되어 장국을 끓이는 저녁에
쑥국새소리 한 줌 넣어 끓인다

쑥국이 먹고 싶어 쑥국 쑥국 보채던 녀석
쑥국을 잘 끓이던 여자의 솜씨가 있었으나
가버린 사랑은 참 잘되었다

우박

한바탕 뇌성은 기분이 좋다
나는 까닭 없이 슬쩍 웃는다

갑자기 하늘이 불을 지피고
열애에 빠진 구름의 커플이 속성으로 잉태한 알이
후두둑 후두둑……
천방지축 마당에 흩어져 구르는 것인데
저 귀한 알들을 나는 감당할 수 없다
메추리알만한 것들도 있다

이 금기의 알들은 속수무책일 때가 있다
고귀한 구름의 알들을 자세히 보면
처연하게도 난생(卵生)은 모두 무정란이었다
나는 익히 알고 살아온 터

지금 구름의 자식들을 움켜쥔
내 손이 양수에 젖어있다

해바라기 주변

깜박 잊고 사는 햇살의 헌신에 대해
무관심했다는 것은 너무 밀착해있었기 때문
고흐의 정열이 불타는 그늘 아래 모여드는 날벌레들
이글거리는 심장 주변에 쟁반이 뜨겁다
점심때가 가까워지자 지짐이 판에 요리가 끓는다
내 키를 훌쩍 넘는 키다리 요리사
아이들이 볶은 해바라기씨를 까먹는다
개미들도 까맣게 식사에 동참한다
식당 바닥에 배를 댄 고양이는 고흐의
잘린 귀를 삼키고 잠든 지 오래

숲

나무를 보는 것은
신간 서적을 읽는 것과 같다

산에 절이 있다
암자라고 부르겠다
절(寺)은 한 치의 땅에 세운 집이다
절을 웅장하게 지으면 부처는 보이지 않고
높은 대들보만 보인다, 참으로
경전의 두터움은 나무가 죽어서 제본된 것이니
책장을 넘기면 나무의 시체냄새가 난다
광화문 교보문고에 들어서면 나무의 공동묘지가 빽빽하다

바다로 심부름을 갔다 온 동자승이 부처가 되어 돌아왔다
나무에 앉은 파랑새도 부처였으니
나를 빼놓고 만상이 부처다

행려병자가 맨발로 광야를 가다가
보리수나무를 만나 절한다

쑥에 대한 전기(傳記)

들판의 개똥밭에 가보면
외딴 삶이 있어 두근거리게 했다

불우하게 살았는지 모르겠지만
그렇다고 호강하고 살았겠느냐
온갖 폐기물 버린 악취 나는 곳
쑥은 고유의 향기로 악취를 제압했는데
쑥과 마늘을 먹고 살았던 먼 조상의
설화가 내 뼛속에 침투되어 있다

근간에 자주 포크레인이 주변에 와서
아가리를 으르렁거릴 때마다 쑥은
가슴이 철렁 내려앉았다
재개발이란 소문으로 언제
쫓겨날지 모르는 상태

누가 내게 어떻게 살았느냐 물을 때

쑥으로 살았다고 하면
쑥이 나를 보고 웃는다

나비를 보며

나비는 사막을 건너와
지금 내 앞에 앉아있다
나비는 날아다니는 꿈이다
나비는 꽃 한 송이 한 송이에게
꿈을 심어준다
나비는 늙어서도 나비다
우리는 늙은 나비라고 부르지 않는다
보면 볼수록 젊은 나비다
나는 어느 날 나비를 잡았는데
손이 더러워 만져보지 못했다

천태산 은행나무

그대는 멀리 걸어왔다
머리가 노랗게 세도록
늙어도 치매에 걸리지 않고
힘든 길을 용케 찾아 걸어왔다

병자호란
임진왜란
태평양전쟁 뭐라 뭐라 하면서

정신은 맑아
누구의 도움도 없이
혼자 왔던 것처럼
잠들지 않고 제 길을 가겠다

인디언의 노래

명동 전철역 지하 휴게소
공연장에 아메리칸 인디언 후예가 왔다
여자 하나에 남자 둘의 삼인조그룹이다
호기심에 사람들 모여들었다

이채로운 옷차림과 분장에
추장의 깃털모자 쓴 남자가 돋보인다
노예로 분장한 남자는 허리가 휘어 분위기가 야릇했다
어쩌다 태평양을 날아온 후조들
오밀조밀한 목관악기 입에 물고
인디언의 애달픈 사연을 줄줄이 꺼낸다
억압받은 조상들의 영혼이 흐느끼는 소리
뼈의 구멍에서 비탄이 새어나온다
떨리는 선율은 기록하지 못한 역사의 속설일 것이다
살 속의 뼈 훑는 소리 길게 아프다
저것은 슬픔이 발효되어 화음으로 짜인 것
노예는 꼽추 춤을 허리를 꺾어 만든다

야호 야호 소리 내 웃가슴에 파고든다
속박에서 자생한 선율들이
공기 속에 전염되어 퍼진다

눈감으니 말을 타고 아파치족들이 먼지를 날리며
죽으려고 달려오는 소리 자욱했다

천둥

경고 전언은 하늘이 말한다
하늘이 노할 때가 두렵다
누가 하늘을 노하게 했는지
부도덕한 내 잘못이다
내가 벌 받아 마땅하리라
천사들이 드럼통에 물을 담아 냅다 쏟아붓는다
야, 백우다 백우다 백우라고?
들판으로 꾀바른 누리꾼들이 달린다
아무리 달려도 백우의 영역을 벗어나지 못한다
그 뒤에 근엄한 스님 한 분이
다락같이 퍼붓는 백우를 맞으며
굼뜨고 의젓하게 걸어가는 게 보인다
그 걸음이 얼마나 무서웠던지
천둥은 겁이 나서 돌아보지도 않고
백 리 밖으로 쫓겨났다

제3부

지상의 친구들

초록의 머리 위에 내려앉는 빛의 알갱이들
헌신만 있고 요구사항이 없다
풀들은 걷어차이면서도 춤춘다
제 자리가 가장 명당이란 듯
꽃은 심정에 따라 색깔이 다르다
소풍 나온 아이들
풍선은 하늘로 날아가다 닿는 정거장이 있을 거다
벙어리매미 말 못하고 이슬만 파먹고 살 때
염소들은 수염을 뽐내며 어른인 체했다
나도 그 염소의 조상인 체 헛기침을 하고
모시나비가 사막을 건너왔다
나는 귀인을 정중히 맞이해야 하므로
푸석한 얼굴을 비누로 씻는다

가을의 접경

노 철학자가 낙엽을 줍는다
거기서 어떤 질서를 규명하려는지
갈대와 여자에 대해서도 고민스럽다

지금 들판은 어느 화가가 물감을 풀어놓았는데
화가는 눈이 멀어 그림을 그릴 수 없고
음악가의 귀도 자꾸 멀어져간다
이것이 우주를 지배하는 신의 뜻인지도 몰라
어떤 경지에 오르려면 먼저 늪에 빠지듯이
귀가 멀어지는 손이 월광곡을 연주한다
대지가 감동하고 별이 이슬에 내려와 글썽이는데
철학자의 잠 못 이루는 밤이 길어진다
손안에 잡히는 것이 확실한 가을이니
열매는 꽃이 임종한 자리가 아니면 맺히지 않았다

설악의 봉우리에 부르기만 하면 오그라들 단풍
천문학자는 낙엽소리에 발이 은하에 빠지고

시인은 단풍나무 골짜기로 조문을 간다

사색의 에움길

가을은 여름처럼 변덕스럽지 않다
그렇다고 앉은뱅이책상처럼 편하지도 못하다

더위를 견디는 고통보다도 가을의 사색을
감당해야 하는 아픔이 더 힘들다
내 지갑의 허기에 대해서 모르는 염소가 곁에서 지켜본다
그러다가 에움길을 돌아가니 매 매 운다
삶에 대해서 내가 중얼거리면 개미들은 상여를 메고 마냥 간다
삶과 죽음이 만나 서로 안부를 묻는다
식물이 열매를 맺을 때 내가 맺어야 할 결실이
손에 잡히지 않으니 나는 가을에 실패한 사람이다
이렇게 살다 자리를 떠나야 한다는 문제
함부로 인생이란 말 거론하기 송구하다
가을에는 언제나 미안하다
신에게 올려바칠 꾸러미가 없다

이미 백억 년 전에 말라버린 화성의 물길처럼
나도 손바닥에 가진 것이란 냇물이 흘러간 흔적뿐
에움길은 우주의 생명체에 대해
골똘한 사색에 빠져버린다

내가 그를 찾는다

절에 가면 그의 위패가 나를 반긴다
지난날 그가 넘나든 법당의 문턱이 한결 밝아졌다
날 찾는 인기척은 없지만
그의 눈썹이 지척에 있음을 나는 안다
등꽃 같은 옛날이 떠오를 때
나는 양초와 향을 사들고 찾아간다
처음엔 구레나룻 스님이 어색했지만
이젠 마주앉아 농담도 제법 주고받는다
한쪽 눈썹은 밝고
한쪽 눈썹은 어두웠던
그의 경배는 몸에 배었던 것
스님은 인도 사람들의 낙천을 가끔 말하지만
오늘은 스님의 눈꺼풀이 적적하다
의심하지 말자
누가 경전을 팔아 살코기를 취하랴

솔매미 우는 저 번뇌 끝나고 나면

여름 천둥 떠나고 단풍 찾아오겠다
그녀의 위패가 나를 반길 때
나는 죄를 다 꺼내놓고 절을 떠난다

귀양지

말벗은 사람으로부터 식물로 이동했다
자력갱생이 무엇인지 풀은 몸으로 말한다

거만하게 나는 인생이란 말을 함부로 흘린다
적막이란 벌레도 불러들인다
억새 숲을 안아보면 하늘이 귓바퀴에 구름을 걸어준다
파벌이 없는 풀의 집단이 마음에 든다
불행도 불만도 모르는 낙천주의자들

들쥐의 눈이 부어오르고 수염이 푸르다
염소가 편지 내용을 다 먹어치웠다
사마귀의 앞발이 기도하는 손이 되어 종교적이다
늪에 약속대로 오는 가을 진객들
귀뚜라미의 울음은 영글어가는데
적군이 오기 전에 월동준비나 할까
외나무다리를 건너 서역으로 가는 낮달이 차다

희소식이 오리란 생각을 접고
어떻게 일몰을 맞아야 할지 두근거리는 마음이
식물도감에도 없는 꽃을 보게 된다

속리산 단풍

나도 절정에 오르면 좋겠는데
단풍은 점령군이 오기 전에 떠난다는 소문만 무성하다

물소리조차 핏빛에 자지러지니
나는 어디다 척추를 기대야 물을 사랑하게 될지
한 세기가 끝난다고 일년생 풀이 자멸하는 게 아니다
땅속에 부끄러운 척 스며있을 생
나는 무얼 먹고 싶은 짐승이다
단풍잎이 고추장을 발라 한입 먹어보라 한다
짜고 맵지 않은 맛, 저렇게
알만한 나무들이 안개를 뜯어먹고 살아왔으니
누가 호명하기만 하면 물감 든 눈물 빠뜨릴 것 같은 절벽의 단풍들
내가 쓸쓸함이나 선호하다 생을 분지르고 나면
불길은 잡풀 속 내 분묘를 짓밟고 가지 않을까

이제 우리 모두 머리 숙여 조문해야 할 때

단풍만한 열병이 따로 없으니
한차례 열병이 지나가면
서둘러 속리산은 바삭바삭 오그라들 것이다

죽은 벌레

점점 야위어가는 몸이
점점 말라가는 풀숲 길을 외돌아가노라면
신음소리 가늘어지던 풀벌레의 임종을 보게 되는데
그 소리 뚝 끊어진 지점에서 마음이 무너진다
갑자기 시간이 정지된 느낌이다
풀숲을 헤쳐보니 갈색벌레 영안실에 누워있다
죽음이 나를 보기에 내가 죽음을 유심히 본다
심장이 멎을 때까지 통증을 노래로 들려준 것인데
내가 어떤 예절을 갖춰 문객이 되어야 하나
개미들이 상복을 입고 장례를 치르려고 몰려든다
저렇게 예를 갖추고 질서정연할 수 없다
죽기 전에 숨겨놓은 알의 후손들은 깊은 침묵에 들었겠다
풀숲 무대에서 심령을 울려주던 음률이 나는 좋았는데

내 언어의 자식들은 아직 영글지 못했다
개미들이 치르는 장례식은 하루종일

장엄하고 고요하다

추 사장(秋 社長)의 가을

도시 속으로 바람이 방향을 잡아 내친김에 환락의 거리를 지난다
불륜이 무엇인지를 모르고 염소는 풀을 뜯는다
21세기의 까치가 깨금발로 땅을 뒤지니
지렁이가 고무줄을 얼른 암실 속으로 거둬들인다

아침부터 저녁까지의 시간이 한 세기 같았다

추사(秋社)란 출판사가 있었다
가을의 내부를 내시경으로 관찰한 기행문이 계획되어 있었으나
아직 서점에 깔리지 않았다
시리즈로 나오던 출판사의 시집이 트럭에 실려 묘지로 갔다
시집의 조문객은 종이를 먹는 염소들이었다

어느 날 무명시인이 나타나 출판사의 문을 두드렸다

출판사 추(秋) 사장은 의자를 내밀고 정중히 맞아드렸다
어떻게 오셨지요
가을이라 시집을 내려고 해요
그의 두툼한 원고는 언어로 쓰여지지 않고 백지상태였다
추(秋) 사장은 백지의 원고를 검토하고 지체없이
시인과 계약을 체결했다

그 가을에 출판한 백지시집이
백만 부가 팔렸다

적소로 띄우는 편지

지금 바다가 저뭅니다
저녁이 영글었을까요
물이 붉어지면 새떼가 와서 놀겠지요
갈대가 몸을 맞대고 세간의 소문을 수군대면
포구엔 배 한 척이 늙마되어 가겠지요
초막의 소반에 몇 권의 책이 있어
연암을 읽다가 낮 졸음에 들면 빈처(貧妻)를 만나게 되겠지요
객수 길이 멀어 풍문이 닿지 못합니다
사념은 솔잎으로 쌓여서
망향의 하루가 무참하진 않아야 합니다
나는 부자(父子)의 시간도 상실해버려서
맑은 물소리에 병이 회복되기를 청합니다
내 어깨가 상상의 날개가 되어
불원간 구름 밑을 날아가고 싶지만
인간의 일이 간단치를 않습니다
늙는다는 것은 의욕이 수척해지는 것이지요

어두운 볼펜 속에 숨어있는 저
문장과 일몰의 은유들을 못내 아끼며
한 일 년만 살고 싶습니다

백수(白首)의 낮달이 하루 한 번씩 방문하는 금생은
아내의 무덤에 풀이 마릅니다

가랑잎

너무 가벼워
잡념을 다 벗어버린 것들
바람이 들었다 놓았다 장난을 치는데
끌려가며 그제야 아픔의 땅에 온 것을 알았다
모든 흙벌레 신음소리 포개지는 것인데
오그라진 몸을 바람에 맡기는 순진함들
나도 아픔의 땅에 온 거란다
여기 한철이 국경을 넘는 하늘 아래
땅에 발을 댔다가 공중에 떠 끌려가는 것인데
탈 탈 탈 경운기소리 깔린 편한 길은 아니다
예측 불가한 부토임을 알겠다
이 길은 불구의 낯달이 목발 짚고 따라오는 길이기도 하다
우린 미개한 곳으로 가는 까닭에 누가
신소재를 가지라고 주겠느냐
만추는 접히고 앙상함만 남아
사각사각 바퀴 구르는 소리 멀다

웬걸 풍각쟁이에 홀려 너무 멀리까지 왔다

그런데 도대체 여기가 어느 나라 어느 땅이지
홀연 주위를 살펴보니 처음 떠난
제자리로 돌아온 것이다

만경평야

울면 좋겠지만 이름난 울음 터가 아니니
내가 한바탕 울어도 아무 의미가 없겠다

농부는 구름 아래 새떼를 풀어놓았다
같이 먹고 같이 살자는 것이지
가없이 펼쳐진 금단(金丹)의 창고

벼가 익어 고개 숙인 경배를
인간이 계승하지 못하고 세기는 저녁으로 간다
미숙한 문자를 쓰던 손으로 이삭을 만져보니
하루 세 끼의 밥이 얼마나 아픈지를 알겠다
햇빛과 물과 땀의 결합이 걸작을 빚었다
백제를 거쳐 만경강이 달려왔으니
 저 완성의 위대함을 나는 눈에 담으며 말을 상실해버렸다

 산이 다 어디로 도망가서

기댈 곳이 없게 된 인간의 마을은
옹기종기 섬으로 떠 있다

봉선화와 봉선이

심기가 불편할 때가 있다
주로 포식을 했을 때 그렇다
심기가 편할 때가 있다
먹은 것이 별로 없을 때 그렇다
지난 연말에는 동사무소에서 쌀 20킬로그램을 받았다
가난은 나라에 죄를 짓는 것이다
밥 한 끼를 걸러보았다
그럴 때도 꽃은 피었다
나비가 날아와 꽃에 꿈을 심어주었다

나는 그늘진 울타리로 가서 봉선화를 바라본다
봉선화를 봉선이라고 바꿔 부른다
봉선이는 내 사촌누이의 이름이다
봉선화 못지않은 봉선이를
언제까지나 곁에 두고 볼 수 없었다
당뇨로 눈이 멀어 꽃이 안 보이는 누이
하루는 봉선화 여문 꽃씨가 내 기침에 터져버렸다

참새들이 깨금발로 걸어와 쪼아먹었다

호흡이 가느다란 봉선이의 숨소리는
어느 날 상여가 떠메고 갔다

이장(移葬)

육탈된 아버지를 만난다
어언 탈속한 지 사십 년
골동품처럼 한지 위에 아버지가 놓인다

복숭아뼈가
엄지손가락뼈가
무릎뼈가
갈비뼈가, 또 다른 이름의 뼈가
마지막으로 두개골이 놓인다
지상으로 산책 나온 골편을 향해 절을 했다
옛날의 헛기침이 이르시기를
얼마만인가, 오랜 잠에서 깨어났다
우물처럼 깊은 눈으로 하늘을 보니
배꽃이 만발한 사월이구나
이제 내 방을 네 어미께로 옮겨다오
어두운 폐광지를 떠나
비녀 꽂은 네 어미 곁으로 가서

숙달된 재봉틀소리 듣고 싶구나

나는 아버지의 소원을 늦게나마 풀어주면서
불효를 씻으려 한다

하나의 길

소나무 한 그루가
외발로 높이 섰습니다
개미들이 천상으로 길을 냅니다
허리끈 질끈 조여 매고
일사불란한 행렬들이
줄을 이어 까맣게 오릅니다
열심히 일한 목숨들입니다
노자님, 저걸 보세요
무슨 일 저지를 것 같아요
장엄하지 않습니까
저만한 열성이 또 있겠습니까
한 말씀 필요한 때
저마다 한 목소리로 외쳤습니다
천상으로 가는 길(道)의 만세!
검은 천사들의 만세!
각자 하늘에 입을 대봅니다
하늘을 점령했다는 듯 일사불란하게

행렬을 지어 내려옵니다
아직 올라가는 후진들에게
무슨 말도 흘리지 않았습니다

풀밭에 든 낮달

가다가 풀밭에 쉬어가려고
해골 노인은 덤덤하게 서성거렸다
얼른 알아차린 풀들이
해골 노인을 선뜻 받아들인다
풀들이 차린 밥상은 이슬뿐이다
우선 목을 축이고 얘기하시지요
고향이 어디냐고 묻진 않겠어요
우리도 언제 어디로 쫓겨날지 모르니까요
나도 해골 노인에게 무얼 먹이고 싶었으나
손에 든 식품이 없다, 뜨내기 노인은
오래 머물면 정이 깊어질까 그만 떠나고 만다
음객들의 온갖 풍자와 묘사로 시달림을 받았던 노인
부동산 증권사 보험회사 즐비한 테헤란로를 지나간다

풀과 낮달과의 짧은 만남은 현금거래가 없었다
다시 만나더라도
한 모금 맑은 이슬뿐이다

해변을 떠나며

여기 난간에도 바람은 짜다
염분으로 짠 것은 부패하지 않으니
모래알들은 오래 살겠다

바위섬에 알 듯한 물새가 휘파람을 불다 간다
해당화가 수평선을 보지 못하면 울어버릴 듯이
한눈팔지 않고 부풀어 올랐다
내가 모래알갱이를 먹고 살았다면 섬이 되었을 것을
온종일 섬을 보다가 섬에게 누가되지 않을까, 그런
생각으로 섬을 떠나기로 했다

오늘 보고 눈에 담은 것은 부패하지 않을 것이니
나는 손을 흔들며 꽃지를 떠난다

귀뚜라미 선생과의 하루

무명시인 — 선생님, 삼복에 더위 먹지 않았습니까?
귀뚜라미 — 풀숲 그늘이 나를 감싸주었다네
　　　　　자네는 피서도 가지 못했다면서
무명시인 — 하긴 그렇습니다만, 이젠 조석으로 서늘합니다
　　　　　선생님도 이젠 악기를 손질하고 연주회 준비를 하셔야겠어요
귀뚜라미 — 남의 얘긴 접어두게
　　　　　자네도 한 줄의 글귀를 남겨야 하지 않나
　　　　　한 수의 시(詩)말일세
무명시인 — 부끄럽습니다, 선생님께서 준 문학상 잊지 않고
　　　　　마음속에 간직하고 있습니다
　　　　　그 힘으로 버티고 있는 걸요
　　　　　초등학교 때 개근상 타고 처음입니다
귀뚜라미 — 난 상(賞)에 대해 많은 고민을 했다네
　　　　　대체로 상(賞)이 때가 묻어서 이슬로 씻은

맑고 깨끗한 상(賞)을 주려고
풀밭 모든 곤충들이 모여서 투표한 결과였지
상금은 없고 이슬에 별이 새겨진 '노성(露星)' 메달이지
무명시인— 선생님, 풀벌레들이 저를 사랑하는 줄은 미처 몰랐어요
달밤에 저를 위해 연주한 공연에 얼마나 감동을 받았는지요
귀뚜라미— 그랬던가, 차제에 이 땅의 무명시인들이 시(詩)의 위상을 드높이는
노력에 박차를 가해야 할 것이야
자네는 아직 미숙하고 7부 능선에서 머물고 있어
장차가 문제지, 이 가을의 숙제로 삼게나
무명시인— ……

선생과 무명시인은 삶과 죽음의 본질에 대해
인간의 예술과 곤충의 예술에 대해
짧은 만남과 긴 이별에 대해
밤이 깊어가는 줄도 모르고 초록 방석에 마주 앉아
허심의 얼굴로 대담을 주고받았다
달이 한참 기울고 있을 즈음

수치의 계산법

폭포에서 떨어지는 포말로 물의 껍질은 부풀어 오른다
부풀어 오른 수면을 평균치로 삼는다
그걸 값의 정수로 믿어버린다

학자들이 보는 경제지표는 다르다
거품은 수면이 아니니까
거품을 평균치로 보면 위험하다
거품은 그 속에 공기주머니가 있어 공기가 빠지면 주저앉아버린다
거품은 일시적인 현상이다

시(詩)에도 바람이 들면 부풀어 오른다
풍선을 띄우면 금방 유명세를 탄다
그런 분위기를 조성하는 시화가(詩話街)가 어느 도시에 있다

거품과 풍선은 바람의 이름으로 꾸며진 허위일 뿐

소금을 한 줌 먹고

이슬이 풀잎에 머무는 동안
지구는 속도를 내면서도 물방울을 다치지 않는다
속도 속에 정적이 부착되어 있다
역(驛)이 없는 무한질주여
살아보면 비루가 발등에 떨어질 때가 있는데
구름의 손길이 무화과나무에 걸쳐졌다

나는 서해 월곶에 가서 서성거렸다
해풍이 눈에 들어와 점액이 짠데
월곶의 한낮은 건조해서
증발할 수분이 없어 염전만 하얗다
어부의 여인들이 자꾸 미망인이 되어가는 포구
해변엔 부패하지 않는 소금창고만 푸르다
내 옷가슴 속 염통(鹽桶)이 소금창고라고?
그러니 나는 소금을 지고 산다

밀월(蜜月)

달은 내가 가는 길이 좋은 듯 따라오네
나와 같은 보폭으로 '우리 같이 가요' 그러네
같이 살다 같이 죽자하면 좋아하네
밀담을 하나 건넬까 하다가 입을 다물었네
말없이 달콤하게 걸으면 그게 밀월이지
나는 복사꽃 마을로 찾아가는 중인데
소피보느라 걸음이 더디었고
달은 나를 앞질러 먼저 가서
꽃등 걸린 집에서 어서 오라 손을 흔드네
나는 그대 곁으로 서둘러 가네
꽃등이 밝아 문턱은 환했으나
우리들 사랑은 쿵쿵 울리지 않는
달의 그늘에 잠겼네

제4부

초혼(招魂)

호월은 돌아서거라
노 저어갈 허공 천만 길이지만
비에 깎인 내 목소리
세 번 이상 부르지 않겠으니
그 이름, 내 옷가슴에 넣고 다닌 이름
목젖이 아리도록 길게 뽑는다
떨리는 내 손은 허공을 움켜쥔다
은하수에 쪽배 띄우고 혼만 실어 보낸다
미안했었어, 받아주지 않아도 어쩔 수 없지
내 아니면 누가 불러주기나 하겠어
그 이름, 마흔다섯이란 이름
꽃나무에서 연기가 피어오른다
적막이 내 뼛속에 들어와 박히니
한 생애 혼불의 마지막은
신혼처럼 아름다워진다

노 철학자

누가 인생에 대해 물어보지도 않아서
가부좌로 쉴만한 터가 없었고
턱에는 수염이 갈꽃으로 무성했다
허리띠가 낡았다고 불평한 적은 없다
몸이 야위었지만 뼈는 강해서
척추를 세워 노방에서 귀뚜라미의 가창을 즐겼다
구름 아래 뜯어먹을 만한 진리는 오직 하나

적당한 가난이 배부른 포식보다 낫다
오솔길에 바위가 암갈색으로 말라간다
오 리만 더 가시오, 더도 말고 오 리만
오리나무는 한사코 말한 바는 없으나
까마귀의 말 몇 마디는 인간을 닮았다

지척의 개미들 행렬이 무질서하다고 하겠는가
현학은 살림살이를 편하게 만들지는 않았다
알만한 까치들이 날아와 제 그림자를 뜯어먹다 갔다

제자들이 다 날개를 달고 개척지로 갔으니
무진공산 혼자 늙는 즐거움
평생 저서도 남기지 못한 채
멸시로 충만한 독주를 마신다

겨울나무의 숨소리

우듬지 아래 가지마다 벋은 손이 앙상한데
견고한 껍질의 캄캄한 내부에 핏줄이 살아있으니
칼바람이 후려치는 벌을 받고 있는 지금
온갖 시험으로 타진해보지만
능선에 버틴 숨소리 여전하다

폭설이 뛰어내려 손발이 동상으로 감각이 무디어도
서서 눈을 붙이고 찬별을 읽으며
새벽으로 달리는 수피(樹皮) 속엔 물길이 흐른다

말간 수액이 오르내리는 혈관은 몸을 녹여
고독을 능선에 세워둔다
언젠가는 잔치 벌이는 시절이 올 것이다
지금은 죽음의 길목 같지만
너는 매서운 채찍질을 견디며
태연히 서 있다

물의 시

갈대도 가는 길이 있어
멀리 와서 물소리에 젖는다
물을 보고 있으면 살고 싶은 의욕이 생긴다

물잠자리도 물과 연애하며 살아왔으니
나도 하심(河心)이 되기 위해 물을 본다
낡은 나를 버리기 위해 물을 본다
종일 물을 보아도 물리지 않고 다시 그리운
물은 파란만장의 질곡을 겪은 생처럼 우원하다

내 늑골 속에 피어날 수국(水菊)을 기다리게 되니
나를 깨닫고 나를 찾는 단서가 물에 있다

물은 스스로 탄주하니
나는 물에서 악기를 하나 찾아냈다
지금 내 귀는 연주소리에 빠져있다

김정호

갈대들이 한쪽으로 기울며
그를 기억하는 듯 손을 흔들었다
그는 갈대 허리를 와락 끌어안았다
작별은 또 다른 작별이지만
핏줄 이어진 산줄기를 넘으면 냇물이 있었다
지형지물에 매달린 집착이 외롭게 보였던지
낮달이 한참 머물다 갔다
구름의 그림자에 얼룩진 가난들
저녁연기 피는 마을에서 객수에 기댈 때
부인이 딸 하나 남기고 죽었다는 풍문을 들었다
짓무른 발에 피멍이 맺혔다
강산을 아끼고 마음껏 사랑했으니
조선호랑이 우는 백두에서 또 저녁을 맞았다
스스로 책임진 일이라 싫증을 느끼지 못했다
눈으로 확인한 기록은 속임수가 없었다
하나를 얻기 위해 모든 것을 버렸으니
아름다운 강산의 그림 그리기는

한 평민의 생을 늙게 했다

어전에 바칠 한 장의 축도
눈에서 빠뜨린 뜨끈한 액체가
지도 위에 번졌다

다시 세상 밖으로

나는 많은 시간을 먹어치웠소
시간은 현금이오, 하지만
누구를 사랑하는 데는 시간이 아깝지 않소

강아지풀이 꼬리를 흔들며 기뻐하오
잠자리는 날아가다가 무엇을 잊어버린 듯 돌아오오
이들은 다 나를 웃겼던 친구들이었소
내가 건드린 꽃이 낭떠러지에 떨어졌소
잘못에 대해 뉘우치지 않았으니
구두가 낡았다고 투덜댈 이유가 없소
초록은 다시 꽃피는 것이니
나는 권력이 없지만 시의 소국(小國)을 세우고 싶소
나팔꽃 속에 입김을 불어넣었다가
아침이면 시를 뽑아내고 싶소

내 허리띠가 낡아서
다시 결심을 새 허리띠로 동여매오

비구니가 가련하다는 듯이
나를 힐끗 돌아보오

잠든 여자

그는 낮달을 따라갔다
흰옷 입고 걷다가 앉았다가 갔다
하룻밤을 새고 나면 낮달은
휠체어를 타고 돌아온다
그는 날 찾아 숨바꼭질할 사람이 아니다
낮달을 보면 웃는 눈썹이 좋았다
그가 애용하던 가계부와 화장품과 거울……
모과나무 밑에 기대 울적한 여자를 달랜 적이 있다
표정을 바꾼 한때가 꽃무늬같이 좋았는데
그의 달병은 잘 익은 모과처럼 탐이 났고
사흘을 죽었다 돌아온
달의 얼굴은 하도롱 빛으로 익어갔다
갈비뼈 밑에 구멍을 뚫고 호수를 넣어
담즙 액을 뽑아내면 황달이 숨어들었다
일시적이지만 신기하게 좋았다
아픈 감각이 없는 간(肝)이란 녀석만 불쌍했다
아파보지도 못하고 갔으니

영혼의 그림자

육체의 그림자는 검은색 단벌이지만
영혼의 그림자는 색상이 다양하다

영혼의 그림자가 늑대처럼 생겼으면 무서워요
얘들아, 그건 무섭지 않고 예쁘게 생겼단다
종소리가 영혼의 울음이고
무지개는 구름의 영혼들이 아이들을 위해 마련한 색상인데
꽃나무에 매달린 꽃이 나무의 영혼일 게다
나비도 일테면 어떤 영혼의 상징물이지

날개소리와 울음이 들리지 않는 물잠자리를 보면
나의 시는 말이 많고 푸접없다

평행선

집은 철둑 밑에 있었소
그런 관계로 기차가 오고가는 미지의 세계를 꿈꾸었소
소년은 닳아서 반짝이는 철길에 귀를 대보오
어디만큼 오는지 무쇠 바퀴의 베어링소리가 들렸소
드디어 기적이 울렸고
소년은 염통이 두근거렸소
기차는 번개같이 스쳐갔소
꽃나무가 흔들리고 꽃이 떨어졌소
저 진발의 머리와 칸칸의 희망들
어디로 갔는지 누구도 알려주지 않았소

침목은 레일을 꽉 잡고 놓아주지 않았으므로
기차는 전속력으로 달릴 수 있었소
두 가닥 레일은 간격을 두고 있었으나
목적지엔 같이 간 것이오

두 줄의 레일은 두 줄의 반짝이는 시(詩)요

두 줄의 시로 이미 완성된 걸작이오

아름다운 장례

소나무는 늘 푸른 줄 알았는데 아니다
솔잎에도 가을은 찾아드는 것이다
솔잎이 발등에 떨어져 내가 섬뜩 놀라니 산이 움찔한다
망일(望日)이 지나면 달은 조금씩 깎일 것이고
솔잎 두 가닥은 부부처럼 조용하다

소나무 아래 몸을 뉘인 장례여
바람 불 때는 바람인가 했으며
새가 울 때는 새인가 했지만
솔잎의 임종은 다소곳 눈감아 조용한 관습을 따른다

나 하나만 믿고 독한 투약으로
머리칼이 빠지도록 힘들게 따라오던 여자는 도중에서 떨어져 나갔다
지금은 솔잎 떨어지는 소리에 잠겨
무덤 속에 살림차린 여자

그릇 씻는 소리에 내 귀가 젖어있다

경구(警句)처럼

옹이 지고 몸이 뒤틀린 조선소나무의
생존전략은 비밀에 가려졌다
흙 한 줌 없는 절벽의 틈새에서 싸움이 진행되었다
무엇을 꼭 전하고 싶은 간절함이 있었겠지만
늑골 휘어진 가지만 흔들린다

자기 몸속에 적과 대항할 힘이 빈약할 때마다
발이 저려오는 아픔은 환부에 진물이 흘러내렸다
허공에 손을 뻗힌 것은 구원을 청하는 약함이 아니라
송화 향을 멀리 보내려는 행위였다
날개에 힘을 얻은 송골매가
하늘을 폭발적으로 날아올랐다

포식으로 뱃가죽이 두터워진 고혈압자들
중풍으로 다리를 절며 절벽 밑으로 지나간다

눈보라에 몸을 보전하기조차

힘든 아슬아슬한 기교의 광대놀이
입이 큰 웅변가의 달변이 개처럼 짖는 세상에
안아보고 싶은 저 허공

저녁

서서히 징역의 그늘이 침범해오고 있다
풀벌레들은 알 것이다
자신들이 비감을 부추기면 달이 뜬다는 것을

종소리는 떠나면 돌아올 줄을 모른다
집도 절도 없는 종소리들
꽃나무는 나를 구르는 바위로 알지 모른다
땅이 그늘지면 지렁이소리가 깔리고
저녁을 감금하려다 저녁에 내가 갇힌다
젖 강아지 눈뜬 하루가 소중하고
진발의 개가 떠나니 닳은 신발이 어두워진다
언젠가 풍인이 황톳길을 가며
손톱의 썩은 달을 물어뜯던 아픔 있었으나
내 오늘 꽃 진 그늘에서 나를 달래본다
얼굴 붉어진 저녁을 보내기로 했다

노을의 물감에 새들의 발이 젖고

내 허파 위에 별 하나가 슬며시 나타난다

초연한 생각

여울 바닥에 조약돌이 있어야 물은 노래한다
풀벌레는 사랑의 상대가 없을 때 노래한다
나의 사랑은 미숙한 문장이니

가끔 풀밭에 앉아 하모니카를 불었다
그러면 꽃들이 내게로 고개를 돌리고
나비가 내 무릎에 와 앉았다

객수는 멀리 가는 구름을 돌아보게 했다
무일푼이라야 초연한 경지에 들 수 있겠다
무엇이 슬픈지도 모르고
그저 슬픔과 비슷한 것이면 다 친하고 싶었다

길섶에서 만난 풀벌레에게 묻는다
너는 조금만 괴로워도 영글게 우는가
나는 괴로움이 있어도
내 방식으로 울지 못했다

무색계

뒤돌아보면 짐승의 아가리들은
순식간에 연한 것을 먹어치운다
그리고 또 입을 다신다

식욕이 내게로 옮겨오면
나도 어쩔 수 없이 연한 것을 찾는다
배를 채우겠다는 식욕을 떼어버리지 못하니
온갖 풀벌레가 탄식으로 욱신거린다

정육점에서 살코기를 써는 손이 숙달되기까지
얼마나 많은 살생이 쌓여가고
절에서는 무상의 목탁소리 쌓여갔겠다

손에 잡히는 것이 아무도 없을 때
허무로 짜인 꽃무늬는 향기가 좋다

아픈 순간들

휠체어에 앉은 머리 빠진 여자가
시를 읽는 것을 보았네
그 장면이 종일 뇌리에서 지워지지 않네
환자의 병소에 새순이 돋아나면 좋겠네

나는 원자력병원으로 가는 전동차를 타네
어린 딸을 앞세우고 하모니카를 불며
통로를 눈먼 아비가 따라가네
검은 안경으로 가려진 저 깊은 강물
한번 흘러가면 가는 길을 모르네
다시 만날 날 흐리네
각자의 길이 서로 엇갈려 놓치게 되네
철없는 상징과 은유란 것들
내 사유의 망루에 머물다 도망가네

휠체어에 앉은 여자의 손에서 꽃피던 희망
아직도 시는 사랑받고 있을까

사흘 동안 죽었다 살아나는 초승달을
머리 빠진 환자에게 안겨주고 싶네

고요의 뒤쪽

밖에 잎 지는 소리 보채더니만
방안엔 여자가 아파라 소리
자꾸 가늘어져 갔다

정원의 모과나무에 저승새가
비비비(悲悲悲) 울다 갔다
때론 밤이 물속같이 조용하다 책장을 넘기는 것 같다
밤을 뚫고 달리던 전동차가 뚝 끊어졌다
마음의 초조가 더욱 고즈넉할 즈음
자정이 넘어서 환자의 들숨이 뚝 끊어졌다
순간 우주가 운행을 멈춘 상태
무슨 소리도 들리지 않는 정지된 공기
사각의 천정을 치뜨고 있던 눈을 나는 감겨준다
시간과 공간이 모두 닫혀졌다

이윽고 염장이가 웃으며 나타난다
염장이는 죽은 자의 몸을 치장하는 예술가

허공으로 노 저어갈 목선 한 척
모든 순서는 예법에 따른다

나는 병풍을 쳤다
병풍 뒤쪽이 저승이고
앞쪽이 이승이다

가는 길

길을 가다가 문득 놀란다
나와 가장 가까운 이웃이 누구더라
수도승이 내 앞을 지나다가 힐끗 돌아본다
저 신비롭고 숭고한 행장
수도승을 따라 절에 들어선들
이미 내게 눈 돌려줄 부처는 없다
나를 지켜주는 것이 어느 눈길이라 생각한 게 잘못이다
가는 길이 생소해도 그 길에 매달려
내가 나를 반성하는 소리 몇 묶음 있어야겠다
나의 옷가슴을 관통하는 목탁소리 안아본 적 없었으니
때 되면 식당으로 들고 가는 바리때
나는 불결한 심보를 씻어 말려야 할 텐데
산록엔 빨래터가 없다
다시 절에 와도 허기지는 걸 몰라야 마음의 눈이 뜨이겠다
야밤에도 피는 꽃은 있었으니

나는 절벽에서 길을 찾는다
절벽 아닌 지상의 길은 남이 다 걸어갔으니
어쩌면 내 발바닥은
허공을 밟고 가야 할 때

시인의 산문

내 마음의 단상(斷想) 모음

　두메산골 솔밭에서 사는 산지기는 솔바람소리에 귀 기울이지 않는다. 너무 오래 들어서 솔바람소리가 들리지 않는다. 그냥 귀에 스칠 뿐이다. 아무런 관심도 없게 된다. 그러나 먼 도시에서 문명의 소음만 듣다 찾아온 사람은 그 솔바람소리를 주의 깊게 듣는다. 그러니까 그냥 들려오니까 듣는 것과 관심 있게 듣는 것과의 차이는 다를 수밖에 없다. 그 솔바람소리를 낯설게 받아들이는 자세가 시인의 자세가 아닌가. 나는 그렇게 생각해왔다. 그러나 그 솔바람소리가 시가 되려면 귀에서 마음속으로 들어와야 하지 않을까. 시를 쓰는 일이 이젠 공해를 유발하는 행위라서 시를 쓰기가 두렵다. 시집(詩集)을 내는 일은 더욱 그렇다. 왜냐하면 시집을 내려면 그만큼 나무를 죽여야 하기 때문이다. 여기 이

시집은 많은 나무를 죽이고 간행되니 나는 살인자나 다름없다.

『벽암록(碧巖綠)』에 나오는 덕운(德雲)은 우물 속에 눈을 퍼붓는 어리석은 사람이다. 우물 속이 달라지지 않는데 덕운은 그 어리석은 짓을 계속 한다. 그런 짓을 왜 하는가. 친구가 물었을 때 덕운은 하고 싶어서 한다고 말한다. 누가 시키지 않아서 하는 일에는 싫증을 느끼지 않는다. 그런 일은 다만 즐거울 뿐이다. 내가 지금까지 어리석게 시를 써온 것도 이와 무엇이 다르겠는가. 나의 시는 내가 좋아하는 언어로 지어졌다. 가능하면 색채가 선명하고 내부가 환히 들여다보이는 투명한 시를 쓰는 것을 원했다. 난해하고 불투명한 칸막이로 어둡게 할 생각은 없다. 누구나 장식품을 볼 수 있게 휘장을 열어두고 싶었다.

오늘의 비평가들은 자기 주변의 시인들을 침이 마르도록 칭찬하기에 급급하다. 이렇게 되고 보니 칭찬을 받은 시인들은 자기가 마치 시단(詩壇)을 대표하는 시인이 된 것처럼 우월감을 갖게 된다. 현명한 비평가라면 그 시인을 추어줄 것이 아니라 미비한 점을 선의로 지적해주고 더 진지하게 작품을 쓰도록 유도하는 것이 바람직하다. 또한 독자와의 거리를 좁혀주는 징검다리 역할을 하는 것도 좋으리라. 올바른 비평이 없는 곳에는 좋은 시도 없다. 좋은 시를 쓰고도 좋은 비평을 받지 못하는 시인들이 많다. 그들에게 힘을 실어주어야 하리라.

햇빛이 프리즘을 통과하면서 온갖 색채를 나타내듯이 시인의 눈을 통해서 사물은 각각의 색채로 무늬를 드러내게 된다. 미술관에 있는 그림과 이발관에 있는 그림이 다르듯이 시도 예술성이 강한 시와 대중성이 강한 시로 구분할 수 있을 것이다. 많은 독자를 가진 시인이 행복한 것 같지만 그만치 허무감도 느낄 것이다. 그렇다고 고고한 척 난해시를 쓰는 것도 바람직한 일은 아닐 것이다. 갈채를 보내는 뭇 독자들보다 독약을 안겨주는 단 한 사람의 독자가 필요할지 모른다. 맹수는 먹고 남은 것을 절대 먹지 않는다고 한다. 새로운 먹이를 찾아 벌판을 헤맨다. 시인도 새로운 글감을 찾아 그늘진 현장을 헤매야 하지 않을까.

서화로 재물을 모으는 방편을 삼는다면 그 모습이 예술가로서는 추잡하다. 시를 써서 부귀영화를 누리지는 못할 것이니 이것을 일찍 깨닫지 못하고 시를 써서 부귀영화를 누리려는 짓은 없어야 하리라. 고독과 절망을 나는 귀인으로 맞았다. 나는 기쁜 손님으로 그를 맞았고 그들을 만나 마음을 나눌 때 내 삶이 그나마 존재가치가 있었다. 고독은 한밤중에 혼자 있을 때 찾아오지만 대낮의 도시 광장에서도 찾아왔다. 대체로 낙엽이 지고 저녁노을이 내리는 숲의 오솔길에서 찾을 수 있었다. 때론 누가 장미꽃 한 송이를 바다에 던져서 그 붉은 물감이 번져 바다는 붉은 물감이 들고 내 시도 불탔다.

황폐한 정신으로 글쓰기에 매달렸던 불행이 오히려 나를 오만하지 않고 낮은 자리의 인간으로 스스로 자위하는 삶을 살게 했다. 이런 삶과 도정에 대해 나는 추호의 후회도 없다는 점이다. 궁핍에서 헤어나지 못한 천재시인들은 가난 때문에 오히려 놀라운 발상으로 글쓰기에 몰두했다는 사실이다. 병고로 단명할 것을 예견하고 집필에 몰두한 요절시인들을 존경했다. 호메로스의 실명이 오히려 쓰라린 축복이었는지도 모를 일이다. 베토벤의 멀어진 귀는 오히려 정신이 더 맑아져서 사물을 더 세밀하게 보고 명작을 남기게 된 것은 아닌지 놀라게 된다.

나는 금방 사라지고 마는 것들을 선호했다. 벚꽃과 새벽별, 풀잎 이슬과 말기 암 환자들이 그것들이다. 자연의 햇빛과 꽃과 새들은 나를 염세에서 오래 머물지 않고 벗어나게 해준 공신들이다. 나의 주변에 자연의 오묘한 지기들이 없었다면 나는 시(詩)를 쓰지도 않았고 지금까지 살아있지도 않을 것이다. 물잠자리와 아침 안개, 기차를 타려고 철로변에 무수히 몰려 피어있던 민들레 꽃들, 이들은 알게 모르게 나와 같이 살아왔고 또 살아갈 친구들이다. 문명의 소리는 소음에 지나지 않았고 자연의 소리만이 나를 즐겁게 해주었다.

나비가 행복하다고 하는 사람은 나비를 제대로 관찰하지 못한 사람이다. 나비는 고독하다. 어느 꽃에서도 오래 머물지 않는 것은 고독하기 때문이다. 나비 날개는 춤을 추는 것 같지만 실제로 나비가 춤을 춰야 할 일이 그렇게 많겠는가. 나는 어느 나뭇가지에서 거미줄에 걸려 마동도 하지 않는 나비의 잔해를 보고 고독이 무엇인지를 알았다. 나비의 고독이 그의 침묵처럼 깊다는 것을 알았다. 꽃 한 송이 한 송이에 꿈을 심어주던 나비는 내 시의 많은 부분을 차지했다.

예수는 집이 없었다. 무주택으로 방황했다. 시인(詩人)은 집(家)을 짓는 사람이 아니다. 집이 없더라도 인간으로 사는 데 있다. "사람이 그러면 쓰나" 바로 그런 것이다. 인간의 소양을 먼저 갖추는 일, 사람이 먼저 되는 길, 그것이 시인이 되는 길이 아닐까 생각한다. 그래서 모든 예술가에 가(家)자를 붙이지만 유독 시인(詩人)은 가(家)를 붙이지 않고 인(人) 자를 붙이는 게 아닐까. 이건 결코 새로 만들어내는 얘기가 아니다. 방랑시인 김병연은 비록 쉰밥을 구걸했지만 시인으로서의 품위를 떨어뜨리지는 않았다. 사기를 치고 절도를 했다는 말은 전해오지 않는다. 나병 시인 한하운을 더 얘기해 무엇하겠는가.

언론매체를 탄 시인이 행복할까. 그렇지는 않을 것이다. 매스컴을 탄 시인보다 더 좋은 시를 쓰고도 각광받지 못한 시인은 불행하겠는가. 그렇지는 않을 것이다. 매스컴을 탄 시인이 거만을 떨지 않고 숨어서 좋은 작품만 쓰는 시인이 주눅이 들지 않는 세상. 이런 분위기를 바꿔주는 사회가 되어야 밝은 미래가 열릴 것이고, 그렇지 못하면 우리의 미래는 어둡다. 위대한 시인들이여! 내 시에 오줌을 갈겨다오. 그러면 나는 그 위대한 시인들에게 절을 세 번 할 것이다.

정원에 각종 꽃들이 서로 다른 빛깔과 향기를 뿜으면서 살아가지만 질투하는 법이 없다. 서로 상대를 존경하며 정원을 풍요롭게 만든다. 시인들도 자기가 선호하는 시학에 충실할 일이다. 견해가 다르다고 해서 질투할 일이 아니다. 견해가 다를수록 상대를 존중할 일이다. 시의 빛깔과 향기가 다양하면 그만큼 시의 꽃밭이 풍성하지 않을까. 미술관에 있는 그림과 이발관에 있는 그림이 다르듯이 시도 예술성이 강한 시와 대중성이 강한 시로 구분할 수 있을 것이다. 많은 독자를 가진 시인이 행복한 것 같지만 그만큼 허무감도 느낄 것이다. 그렇다고 고고한 척 난해시를 쓰는 것도 바람직한 일은 아닐 것이다.

시인이 남기는 것은 몇 편의 공허한 시와 비바람에 풍화되고 말 쓸쓸한 분묘, 산새가 똥이나 싸고 갈 시비(詩碑)가

어쩌다 세워진다. 그것을 남기기 위해 바친 일생이라면 광음이 아깝다. 시정신의 알맹이를 빼버리고 애매한 수사학이나 관련도 없는 언어의 나열이 시의 본질을 훼손하는 경우를 보면서 언어의 값을 무차별 난도질하는 것은 어디다가 하소연해야 하는 것일까. 시의 세계에도 시의 모순과 이치에 맞지 않는 시를 고발하는 감시기관이 있으면 어떨까 한다. 변화를 바라고 질서를 무너뜨리는 행위가 당위성을 획득하지 못한다면 먼 후대에 가서 가치를 인정받을 수 있을 것인가.

나는 시 한 편을 발표할 때마다 알게 모르게 나의 졸작을 지켜보고 있는 미지의 시선이 있다는 것을 의식하고 살아왔다. 내가 게을러서 보잘것없는 시를 발표했을 때 그 미지의 시선이 나를 비판하고 있다는 두려움에 소름이 끼칠 때가 있었다. 그래서 점점 시를 발표하기가 겁이 나는 게 사실이다. 섬뜩한 일이다. 내 마음속에서 무엇을 쓰겠다는 변화의 꿈틀거림이 있어야 한다. 어떤 사물을 그리려는 마음의 꿈틀거림이 그 사물과는 다른 형상으로 살아 숨 쉬는 물체가 되어야 한다. 시가 그렇게 생물로 숨 쉬게 하려면 마음속에 먼저 꿈틀대는 변화가 있어야겠다.

죽음이란 두려운 것이지만 그곳에 언젠가는 가고 싶다. 신비로운 세계인 그곳, 그곳은 머무는 끝이 아니라 하나의 쉼터면 좋겠다. 그 쉼터 너머에 또 다른 길이 있고 쉼터가 또 있다는 생각, 그렇다면 나의 영혼은 가도 가도 끝이 없는 여행이면 좋겠다. 어느 별에서 머물다가 다시 다른 별로 옮겨가는 여행이면 얼마나 좋을까.

이제 시인의 고향은 초가집도 아니고 물레방아가 돌아가는 두메산골도 아니며 다닥다닥 붙은 고층아파트가 아니면 산부인과 조리원이다. 복사꽃 피고 살구꽃 피는 전원이 아니라 까치집보다 더 높은 병원의 몇 호실이 시인의 출생지다. 그러니 시인의 고향이란 의미가 사라지고 만 것이다. 이제 시인의 생가는 초가집으로 복원할 것이 아니라 시 속에 스스로 묻어둘 일이다.

햇빛을 외면하고 밤에만 피는 꽃이 있다. 달맞이꽃과 박꽃이 그렇다. 도대체 달맞이꽃과 박꽃은 인간에게 무엇을 말해주려고 밤에만 피는 것일까. 어쩌면 그들은 야간에도 생을 위해 열심히 일하는 인생도 있다는 사실을 일깨워주기 위해서일지도 모른다. 나는 내 삶을 표현하는 도구로서 언어 외에는 없다고 생각했다. 이것이 내 인생의 승리인지 실패인지 아직은 판단이 서지 않는다. 언어로 내 삶을 표현한다는 것은 내 기술과 재능과 노력의 한계가 있다는 것을 알기 때문이다. 써도 그것은 잠시 살아있다가 하루가 지나면 죽어버리는 것이었다. 흘러간 유행가는 어쩌면 그렇게 오래 남는가. 나의 시는 유행가보다도 단명한 것이었다.

 가령 저 하늘에 떠가는 구름이 없다면 나는 몹시 허전했을 것이다. 푸른 하늘만 가없고 구름이 없다면 허전함을 견디지 못했을 것이다. 구름은 나에게 무한한 그리움을 분배해주었다. 삶이란 빈손이란 것도 가르쳐주었다. 박쥐는 귀로서 사물을 본다고 한다. 높은 주파수의 음파를 발사해서 그 돌아오는 음파로 주위환경을 정확하게 파악한다고 한다. 나는 눈으로 사물을 보고 파악하지만 그 사물에서 시를 획득하려면 그 사물이 마음속에 들어와 있어야 했다. 이젠 시마(詩魔)에 홀려 영원히 벗어날 길이 없다.

 어떤 삶은 오래 살아도 무의미하지만 어떤 삶은 짧게 살다 가도 가치를 부여받는다. 27세의 이상(李箱)이나 29세의 김유정, 28세의 윤동주가 그랬다. 그들은 죽음을 자각하고 좋은 글을 썼으며 또한 운을 잘 타고났다. 나는 물에 물탄 삶을 지루하게 살아온 것에 부끄러움을 느낀다. 이 어지러운 세상에 평범하게 살다가는 것도 괜찮은 것 같다. 나는 부끄럽게도 한국에서 광부시인 1호다. 석탄을 캐본 시인이 과연 나를 빼고 누가 또 있는가. 부끄러울 것도 없다. 얼마나 명예스러운가. 탄광으로 찾아간 반 고흐도 「감자를 먹는 광부가족」이란 명화를 남겼지만 석탄을 캐지는 않았다. 광부가 아니면서도 광부인 체 시를 쓴 시인들도 많았으니까. 석탄을 캔 광부시인은 오히려 뒤로 밀려난 꼴이 되었다.

  내가 여기 시집을 내며 문단의 평자들로부터 평가를 받아보겠다는 생각은 추호도 없다. 내가 살아온 삶의 흔적을 자식들과 그 후손들에게 전하고 싶은 생각으로 계획한 것임을 부언하고 싶다. 그것이 나로서는 마음 편한 일이다. 나의 인생관, 자연관 내지는 시관(詩觀)이 여기 초라한 시 속에 숨어있을지도 모르기 때문이다.

시인의 말

삶을 표현하는 도구로 시를 택했다.
이것이 승리인지 패배인지 알지 못한다.
인간은 불완전하기 때문에
시인도 시도 불완전하다.
시는 내가 가련한 듯 가다가 돌아보기만 한다.

2012년 봄
정일남

훈장

2012년 4월 17일 초판 1쇄 찍음
2012년 4월 23일 초판 1쇄 펴냄

지은이 _ 정일남
펴낸이 _ 양동문
펴낸곳 _ 詩와에세이

신고번호 _ 제319-2005-000014호
주소 _ (120-865) 서울시 서대문구 북아현동 1-495 세방그랜빌 2층
대표전화 _ (02)324-7653, 070-8877-7653
팩시밀리 _ 0505-116-7653
휴대전화 _ 010-5355-7565
전자우편 _ sie2005@naver.com
공 급 처 _ 한국출판협동조합
주문전화 _ (070)7119-1741~2
팩시밀리 _ (031)944-8234~6

ⓒ정일남, 2012
ISBN 978-89-92470-72-8 03810

* 지은이와 협의하여 인지는 생략합니다.
* 이 책 내용의 전부 또는 일부를 재사용하려면 반드시 지은이와
  詩와에세이 양측의 동의를 받아야 합니다.
* 책값은 뒤표지에 표시되어 있습니다.